Le livre de la nuit

Exploration nocturne

Activités, expériences, informations

Écrit par Pamela Hickman

Illustré par Suzanne Mogensen

Texte français de Jocelyne Henri

Les éditions Scholastic

Dans ce livre, tu trouveras des activités à faire le jour et la nuit pour en apprendre davantage sur la vie nocturne. Nous te proposons deux types d'activités: Activités de nuit et Activités de jour. N'oublie pas de toujours te faire accompagner par un adulte durant tes activités de nuit.

Pour mon frère Michael

Données de catalogage avant publication (Canada)

Hickman, Pamela
  Le livre de la nuit

Traduction de: The night book.
ISBN 0-590-16471-6

1. Animaux nocturnes - Ouvrages pour la jeunesse.
2. Nature - Étude et enseignement - Ouvrages pour la jeunesse. 3. Jeux scientifiques - Ouvrages pour la jeunesse. I. Mogensen, Suzanne. II. Titre.

QL755.5.H5314 1997 j591.5 C96-931753-0

Édition publiée par Les éditions Scholastic, 123, Newkirk Road, Richmond Hill (Ontario) L4C 3G5, avec la permission de Kids Can Press Ltd.

Conception graphique de Marie Bartholomew

5 4 3 2 1   Imprimé à Hong-Kong   6 7 8 9/9

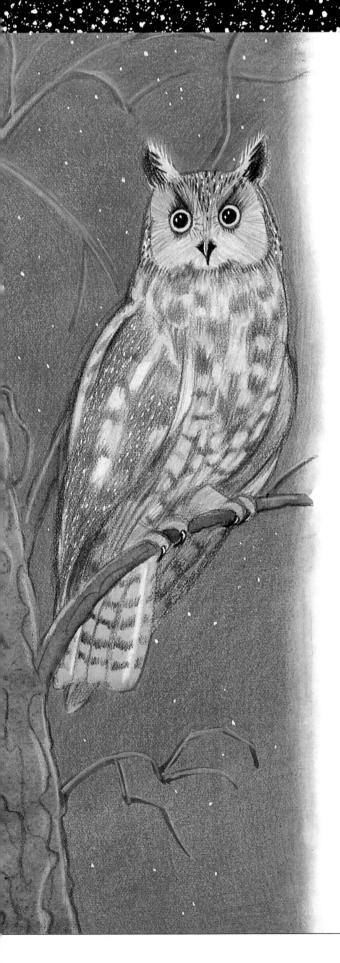

Sommaire

Qu'est-ce que la nuit?

Qu'est-ce que la nuit pour toi? C'est peut-être quand il fait noir et que tu vas te coucher ou quand brillent les étoiles. Pour toi, la nuit est peut-être le moment de te reposer, mais dans la nature, l'activité est débordante. Ce livre te présente plusieurs animaux nocturnes fascinants. Tu découvriras comment les plantes attirent les visiteurs nocturnes. Tu connaîtras des créatures étonnantes qui luisent dans le noir. Tu apprendras où se cache le Soleil durant la nuit. Tu seras initié à l'observation des étoiles et aux phases de la Lune. Tu pourras t'amuser à essayer les activités de nuit et les activités de jour. Ce livre t'éveillera à la vie nocturne.

Jour et nuit

Découvre pourquoi il fait noir chaque soir en fabriquant un modèle réduit de la Terre et du Soleil.

Il te faut :
- une petite balle
- une lampe de poche
- un autocollant ou du ruban adhésif

1. Place l'autocollant ou un bout de ruban adhésif sur la balle pour marquer l'endroit où tu vis sur Terre.

2. Mets la lampe de poche allumée sur une table, dans une pièce sombre. La lampe de poche représente le Soleil.

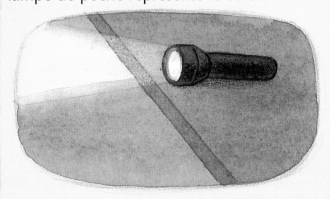

3. Tiens la balle devant la lumière pour que l'autocollant soit éclairé. C'est le jour là où tu vis.

4. Tourne lentement la balle dans ta main jusqu'à ce que l'autocollant soit dans l'obscurité. C'est la nuit là où tu vis.

5. Tourne de nouveau la balle.

Que se passe-t-il?
La Terre ressemble à une balle qui fait un tour complet sur elle-même en 24 heures. Quand le Soleil brille sur la Terre, il éclaire seulement la moitié de la planète. Pendant qu'il fait jour sur cette moitié de la Terre, c'est la nuit sur l'autre moitié. C'est la nuit quand le Soleil n'éclaire pas la partie de la Terre où tu vis.

Observe la Lune

Quel est le nom de la grosse roche spatiale qui fait le tour de la Terre en un mois? C'est la Lune. Les vaisseaux spatiaux l'ont photographiée et les astronautes s'y sont posés, mais il n'est pas nécessaire de voyager en fusée pour voir à quoi ressemble la Lune; des jumelles feront l'affaire. Par une nuit de lune sans nuages, étends-toi par terre ou dans une chaise à dossier réglable à un endroit où tu verras clairement la Lune. Sers-toi d'oreillers pour te soutenir les bras.

Voici ce qu'il te faut chercher :
• Repère les grandes surfaces sombres sur la Lune. Ce sont d'énormes creux appelés mers. Contrairement aux mers sur la Terre, celles-ci sont à sec. Sans jumelles, tu peux même distinguer certaines des plus grandes mers.
• Cherche des trous ronds, les cratères, sur la surface plus claire de la Lune. Ces cratères ont été formés quand de gros morceaux de roche se sont écrasés sur la surface lunaire.
• Il y a des montagnes sur la Lune, comme sur la Terre. Tu peux observer plusieurs grandes chaînes de montagnes sur la Lune avec tes jumelles.

Les phases de la Lune

Sais-tu pourquoi il y a la Pleine Lune certains soirs et seulement un quartier de Lune ou pas de Lune du tout d'autres soirs? La Lune brille parce qu'elle renvoie la lumière du Soleil. Quand la Lune est entre la Terre et le Soleil, la lumière frappe l'arrière de la Lune et nous ne pouvons pas la voir. C'est la Nouvelle Lune. Au fur et à mesure que la Lune tourne autour de la Terre, un peu plus de lumière éclaire chaque jour le devant de la Lune, et nous la voyons de plus en plus. Quinze jours plus tard, elle s'est déplacée du côté opposé de la Terre. Là, le Soleil brille directement sur le devant de la Lune. C'est la Pleine Lune. Chaque jour par la suite, le disque lumineux se réduit peu à peu jusqu'à ce qu'il disparaisse tout à fait. C'est la Nouvelle Lune de nouveau. Il s'écoule 29,5 jours d'une Nouvelle Lune à l'autre.

Pleine Lune

Dernier quartier

Premier quartier

Certains calendriers indiquent les phases de la Lune chaque mois. Vérifie si ces symboles apparaissent sur le tien.

Nouvelle Lune

À la lumière des étoiles

On dit que les étoiles sortent la nuit mais, en fait, elles sont aussi dans le ciel durant le jour. Tu ne peux pas les voir parce que la lumière émise par le Soleil, l'étoile la plus rapprochée de la Terre, est tellement éclatante qu'elle bloque la lumière de toutes les autres étoiles. La nuit, quand le Soleil ne brille pas, tu peux voir les autres étoiles.

À la campagne, par une nuit sans lune, loin des lumières de la ville, tu peux voir environ 2000 étoiles. Mais il y a beaucoup plus d'étoiles. En fait, les scientifiques pensent qu'il peut y avoir autant d'étoiles dans le ciel qu'il y a de grains de sable sur la Terre!

L'observation des étoiles est un passe-temps fantastique. Même à la ville, tu peux voir les étoiles et les constellations, ou groupe d'étoiles, les plus brillantes. Pour observer les étoiles, des jumelles te seront utiles. Tu remarqueras que certaines étoiles sont plus brillantes que d'autres. C'est parce que la taille des étoiles et leur distance de la Terre sont différentes. Cherche une traînée lumineuse et floue qui s'étire dans le ciel. C'est la Voie Lactée. Certaines des étoiles que tu vois peuvent en réalité être des planètes, comme Vénus et Jupiter.

Étoiles filantes et satellites

Quand tu observes les étoiles, il peut t'arriver de voir des traînées lumineuses qui traversent le ciel à toute vitesse. Ces météorites, appelés aussi étoiles filantes, sont des fragments minuscules de roche ou de métal qui brûlent en entrant dans l'atmosphère terrestre. Un des meilleurs temps pour observer les météorites est entre le 10 et le 12 août, durant la pluie de météorites. Entre minuit et l'aube, tu peux observer jusqu'à 50 météorites à l'heure qui s'éloignent de la constellation Persée.

Si tu remarques un point lumineux qui se déplace constamment dans le ciel, il est probable que ce soit un satellite envoyé dans l'espace par les scientifiques. Les satellites servent entre autres à prendre des photographies dans l'espace et à envoyer des signaux de radio et de télévision. La lumière que tu vois est le reflet du Soleil sur le corps métallique du satellite.

Quand tu fais un voeu en voyant une étoile, t'arrive-t-il de te demander de quoi elle est faite? Toutes les étoiles sont d'immenses boules de gaz flamboyants. Les étoiles ont des couleurs différentes selon leur degré de chaleur. Les plus froides sont rouges, les tièdes sont jaunes et les plus chaudes sont blanches ou bleu-blanc. Quelles couleurs observes-tu?

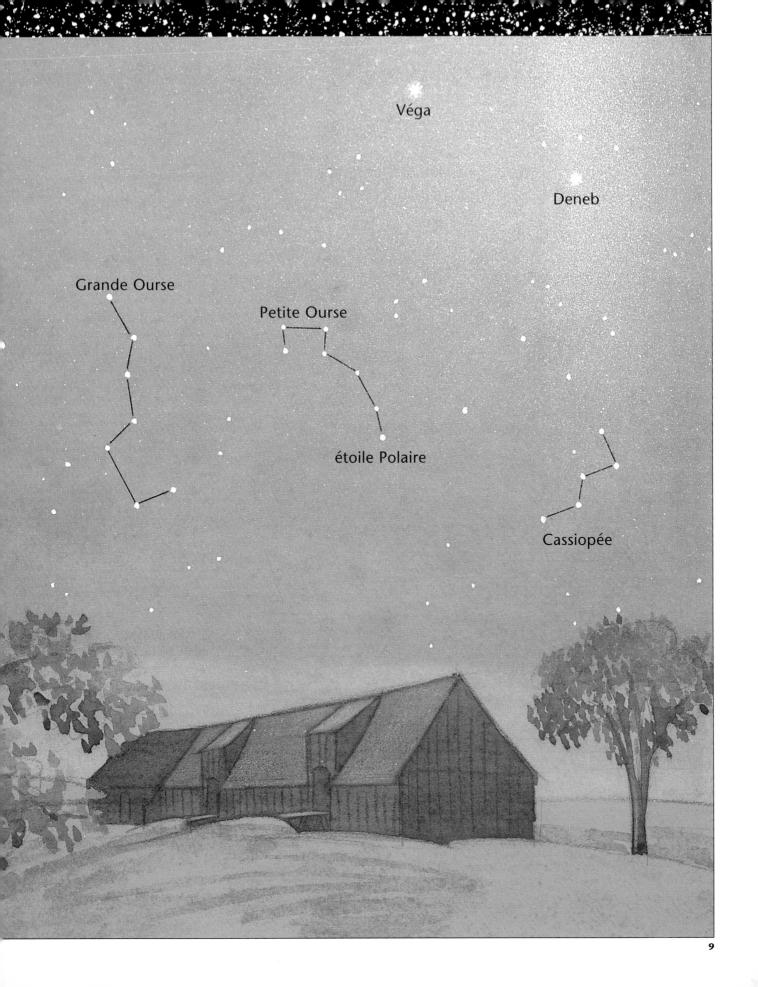

Véga

Deneb

Grande Ourse

Petite Ourse

étoile Polaire

Cassiopée

Observe les étoiles

À l'aide de cette carte des étoiles de l'hémisphère nord, trouve des constellations. Tourne le livre afin que le mois en cours soit au bas de la carte. Par une nuit claire, tu devrais être capable de voir les constellations du bas et du centre de la carte. La Grande Ourse, la Petite Ourse, Cassiopée et le Dragon sont visibles à tout moment de l'année. Chaque soir, les étoiles tournent autour de la très brillante étoile Polaire.

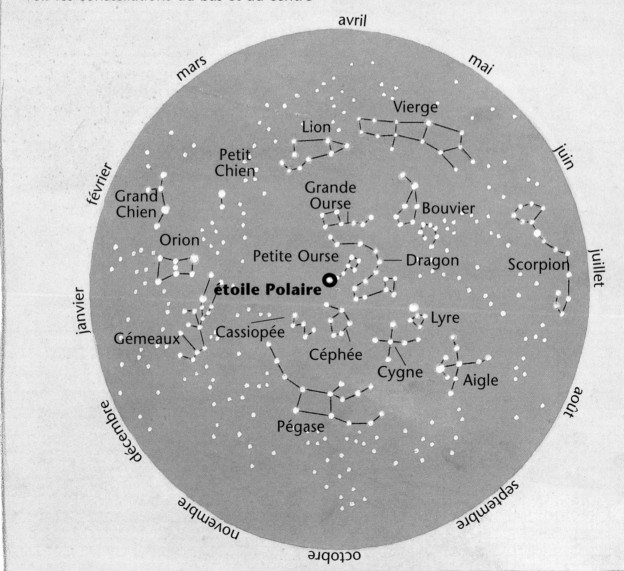

Aurores boréales

Par une nuit claire, on peut voir des vagues de couleurs spectaculaires se déplacer et miroiter dans le ciel. Plus on est au nord, plus les couleurs sont vives. Ce sont les aurores boréales. Elles sont causées par des particules minuscules de Soleil qui entrent dans l'atmosphère terrestre. Les couleurs varient du bleu, au rose, au vert, au blanc, au rouge et au jaune. Près du Pôle Sud, ce déploiement de couleurs est appelé, comme on peut s'y attendre, aurores australes.

S'il fallait six mois à une fusée pour voyager jusqu'au Soleil, il faudrait plus de 100 000 années pour atteindre l'étoile la plus proche.

Fabrique un mini-télescope

Activité de jour

Avec ce mini-télescope facile à faire, tu peux t'exercer à observer les différentes constellations durant le jour.

Il te faut :
- des rouleaux de carton
  (papier hygiénique ou essuie-tout)
- du papier de construction noir
- une carte des étoiles
  (voir la carte de la page 10)
- un crayon
- une épingle
- des ciseaux
- du ruban adhésif

1. Pose le rouleau de carton sur un morceau de papier de construction noir et trace le contour. Découpe le cercle.

2. Choisis une constellation sur la carte des étoiles et copie-la sur ton cercle noir en faisant des points avec le crayon.

3. À l'aide de l'épingle, fais un trou dans chaque point de crayon, ou étoile de la constellation.

4. Fixe le cercle au bout du rouleau de carton avec du ruban adhésif. Assure-toi que le ruban ne couvre aucun des trous d'épingle.

5. Tiens-toi devant une fenêtre ou une source de lumière et regarde par le bout ouvert du rouleau. Tu pourras voir briller la constellation.

6. Utilise plusieurs rouleaux et fais une constellation différente pour chaque mini-télescope.

7. Avec tes amis, fabriquez plusieurs constellations. À tour de rôle, regardez dans les télescopes et devinez de quelle constellation il s'agit.

Les humains de l'Antiquité voyaient des formes dans certains groupes d'étoiles. Ils leur ont donné un nom. Voici la signification de quelques noms de constellations. Essaie de faire un mini-télescope pour quelques-unes de ces constellations.

Aquila	Aigle
Cygnus	Cygne
Cepheus	Céphée, le roi d'Éthiopie dans la mythologie grecque
Cassiopeia	Épouse de Céphée dans la mythologie grecque
Ursa Major	Grande Ourse
Gemini	Gémeaux
Canis Major	Grand chien
Canis Minor	Petit chien
Virgo	Vierge
Orion	Orion, le chasseur
Pegasus	Pégase, le cheval ailé
Scorpius	Scorpion
Perseus	Persée, héros mythologique
Polaris	Étoile polaire
Taurus	Taureau
Corona Borealis	Couronne boréale
Bootes	Bouvier
Draco	Dragon

Comment dorment les animaux

Imagine que tu dors la tête en bas comme la chauve-souris ou que tu prends des siestes-éclair de 90 secondes comme le Dauphin aveugle de l'Indus. Si tu étais un martin-pêcheur, tu dormirais sur un lit d'arêtes de poisson et non sur ton matelas confortable. Poursuis ta lecture et tu en apprendras beaucoup plus sur les habitudes des animaux.

• Certaines chauves-souris s'enroulent les ailes autour du corps. Les Chauves-souris à grandes oreilles rentrent les oreilles sous les ailes pour se réchauffer.

• Plusieurs animaux se couchent en rond pour se réchauffer. La queue touffue du renard lui tient lieu d'oreiller.

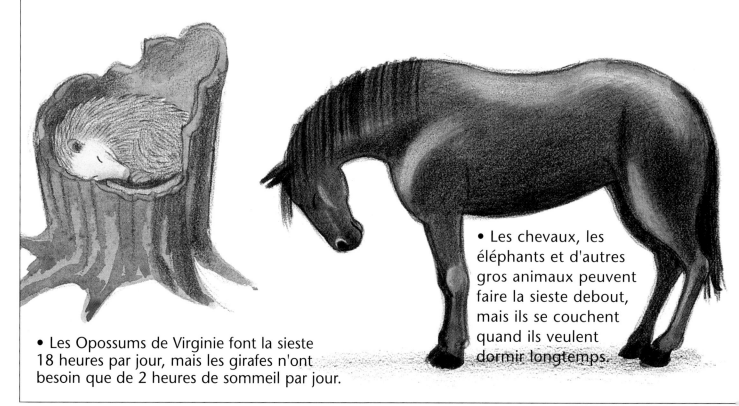

• Les chevaux, les éléphants et d'autres gros animaux peuvent faire la sieste debout, mais ils se couchent quand ils veulent dormir longtemps.

• Les Opossums de Virginie font la sieste 18 heures par jour, mais les girafes n'ont besoin que de 2 heures de sommeil par jour.

Sais-tu pourquoi l'oiseau ne tombe pas de son perchoir quand il dort? Quand les doigts de l'oiseau s'enroulent autour de son perchoir, des muscles spéciaux dans chaque patte bloquent les doigts et les empêchent de glisser, même lorsque l'oiseau dort.

Beaux rêves

Si tu observes un chat ou un chien qui dort, tu verras qu'il se contracte, grogne, remue la queue ou bouge les pattes. C'est parce qu'il rêve. La plupart des mammifères et des oiseaux rêvent. Il arrive aussi que les humains marchent ou parlent en rêvant. Le rêve fait partie du sommeil, et tout le monde rêve. Tu rêves au moins quatre fois par nuit, même si tu ne te souviens pas de tes rêves. Quand tu rêves, tes yeux bougent sous tes paupières. Si tu observes quelqu'un qui dort, tu sais qu'il rêve si ses yeux bougent.

• Les souris, les taupes et d'autres petits animaux tapissent leurs lits, appelés terriers ou nids, avec des feuilles sèches et des herbages.

• Les poissons et les tortues vont dormir sur le fond vaseux du marais ou de l'étang.

Les animaux nocturnes

Quand tu te couches pour la nuit, plusieurs animaux se réveillent. Après s'être reposés toute la journée, ils sortent pour trouver de la nourriture ou s'accoupler. Les animaux qui sont actifs durant la nuit sont appelés animaux nocturnes. Tu peux penser que c'est amusant de rester debout la nuit. Pour les animaux nocturnes, c'est une question de survie. La noirceur aide les petits animaux à se cacher de leurs ennemis. Aussi, les créatures qui doivent garder le corps humide sortent la nuit, quand l'air est plus humide et plus frais. En chassant la nuit, certains prédateurs évitent de faire concurrence aux chasseurs de jour.

• Les hirondelles et les chauves-souris se nourrissent d'insectes volants - les hirondelles le jour, les chauves-souris la nuit..

• Les loutres ne sont pas naturellement actives la nuit, mais elles deviennent nocturnes quand elles vivent à proximité des humains.

• Les écrevisses et d'autres crustacés se dépouillent de leur carapace uniquement la nuit, afin de pouvoir se cacher de leurs ennemis pendant que leur nouvelle carapace durcit.

• Les Grands Ducs et les Buses à queue rousse se nourrissent de la même proie. Les Grands Ducs chassent la nuit et les Buses chassent le jour. Ils peuvent donc vivre dans le même habitat sans se disputer la nourriture.

Métamorphoses nocturnes

Les insectes se transforment habituellement en adultes ou sortent de leur cocon la nuit, parce que c'est moins dangereux pour eux. La peau d'un nouvel insecte adulte est molle, et son corps peut facilement sécher au Soleil. L'insecte se déplace aussi très lentement et ne peut pas voler avant plusieurs heures. Si tu vas te promener tôt un matin d'été, près d'un ruisseau ou d'un marécage, observe les roches et les plantes sur la berge pour trouver des enveloppes, ou cocons, de libellules et des nymphes de demoiselles.

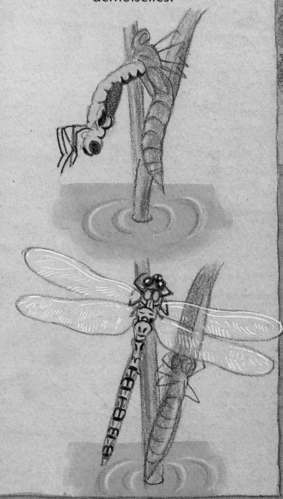

• Les souris sortent la nuit quand il est plus difficile pour les renards de les chasser.

• Les vers de terre, les salamandres et les limaces aiment l'humidité. Ils évitent les chauds rayons du Soleil et sortent la nuit.

Les sens

Si tu t'aventures dehors la nuit, il peut t'arriver de trébucher et de buter contre des obstacles. Les animaux qui sont actifs durant la nuit sont dotés de super-sens qui les aident à se protéger. Tu vas apprendre comment les animaux se servent de l'ouïe, de la vue, de l'odorat, du goût et du toucher pour trouver de la nourriture, s'accoupler et se protéger.

L'ouïe

Plusieurs animaux nocturnes comptent sur leurs oreilles pour survivre. Les Effraies des clochers chassent en se servant uniquement de l'ouïe. Les chauves-souris se servent aussi des sons pour trouver leur nourriture et éviter les obstacles en vol. Elles émettent des cris très aigus qui rebondissent sur les obstacles et leur reviennent en écho. C'est l'écholocation. Cette technique leur permet de localiser les insectes, de déterminer leur taille, leur vitesse et leur direction. Il existe des baleines et des marsouins qui se servent de l'écholocation pour trouver leurs proies dans les ténèbres sous-marines.

Les chauves-souris

Il est facile d'observer les chauves-souris et la technique d'écholocation. Par une soirée chaude d'été ou de printemps, demande à un adulte de t'accompagner sur un terrain vague bordé d'arbres. Prends des copeaux de bois ou des cailloux et lance-les dans les airs, un à la fois. Grâce à l'écholocation, les chauves-souris des environs localiseront peut-être les copeaux ou les cailloux et viendront voir de plus près.

Bonnes vibrations

La plupart des insectes ne peuvent pas entendre les sons comme nous. Ils sentent plutôt les vibrations du sol dues aux mouvements. Les vibrations préviennent les insectes d'un danger ou de la proximité de nourriture. De nombreux oiseaux ont aussi de minuscules organes sur les pattes pour capter les vibrations et les prévenir du danger quand ils dorment.

La vision nocturne

La plupart des animaux, les humains inclus, ont deux types de cellules visuelles, appelées bâtonnets et cônes. Les cônes aident à capter les détails et la couleur, et les bâtonnets servent à voir sous un faible éclairage. Les animaux nocturnes ont surtout des bâtonnets pour leur permettre de bien voir la nuit. Il existe des chauves-souris, des lézards et des serpents qui ont seulement des bâtonnets. Ils sont daltoniens, et tout leur apparaît noir et gris.

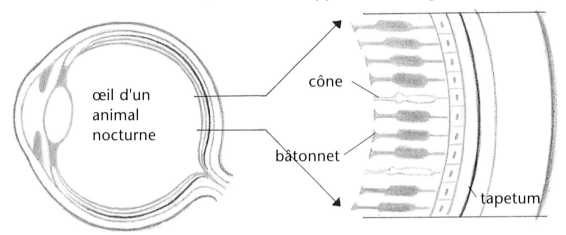

œil d'un animal nocturne

cône

bâtonnet

tapetum

Sur ce gros plan d'une coupe transversale de l'oeil d'un animal nocturne, tu peux voir qu'il a surtout des bâtonnets et très peu de cônes. Les yeux des humains ont des cônes et des bâtonnets, et la majorité des bâtonnets sont sur les côtés.

Mesure ta vision nocturne

La prochaine fois que tu feras de l'exploration nocturne, fixe une étoile et regarde-la ensuite de côté. Tu peux voir plus clairement l'étoile si tu ne la regardes pas directement. C'est parce que tu as plus de bâtonnets sur les côtés de tes yeux que partout ailleurs. Tu peux ainsi mieux voir un objet dans l'obscurité si tu le regardes de côté.

Les yeux du chat

T'est-il déjà arrivé de voir les yeux d'un chat briller la nuit quand une lumière les éclaire? C'est parce qu'il a une couche spéciale à l'arrière de l'oeil, le tapetum, qui reflète la lumière. Fabrique un modèle simple d'un oeil de chat pour voir son fonctionnement.

Il te faut :
- du papier de construction noir
- deux contenants de yogourt ou de margarine en plastique
- un petit miroir de poche
- du ruban adhésif
- une lampe de poche

1. Recouvre le fond et les côtés de chaque contenant avec du papier noir.

2. Fixe le miroir sur le fond d'un des contenants. Le miroir agit comme le tapetum.

3. Dans une pièce très noire, mets les deux contenants sur le côté.

4. Braque la lampe de poche dans le contenant sans miroir. À présent, braque-la dans celui avec miroir. Que vois-tu?

Que se passe-t-il?

Quand la lumière frappe les yeux d'un chat, le tapetum la reflète. Cela a pour effet d'intensifier la lumière, puisque la lumière traverse l'oeil deux fois. C'est ainsi que les chats et d'autres animaux nocturnes voient bien dans le noir.

Les sens en alerte

Tends-tu les bras devant toi pour t'y retrouver dans une pièce obscure? Crois-tu que tu pourrais trouver ton amie dans le noir en te servant de ton odorat? Il y a des animaux nocturnes qui peuvent sentir, goûter et tâtonner dans le noir pour trouver leur chemin.

• La plupart des oiseaux ont un piètre odorat, mais les oiseaux marins, tels que les fulmars, les albatros et les puffins, se servent de leur odorat pour trouver du poisson la nuit.

• Les insectes utilisent leurs antennes pour les aider à sentir, goûter et toucher les choses. Un papillon de nuit mâle peut trouver une femelle dans le noir, à plus d'un kilomètre de distance, en se servant uniquement de son odorat.

• La nuit, les poissons se servent de l'odorat pour trouver d'autres poissons de leur espèce et pour distinguer les mâles des femelles. Le poisson-chat, la morue et la carpe ont des barbillons autour de la bouche pour leur permettre de détecter les produits chimiques dans l'eau. Ils traînent leurs barbillons sur le fond pour les aider à sentir et à goûter ce qui s'y trouve.

• Le sens de l'odorat aigu des ratons laveurs leur permet de trouver de la nourriture la nuit.

• Les poils longs et raides qui poussent sur les joues, autour de la bouche et au-dessus des yeux du chat l'aident à se diriger la nuit.

• Les tentacules du Condylure étoilé sont constamment en mouvement et lui servent à localiser ses proies.

• Les petits tentacules des limaces et des escargots leur servent à se diriger la nuit.

• Les cerfs et les lapins se servent de leur sens de l'odorat pour détecter les dangers.

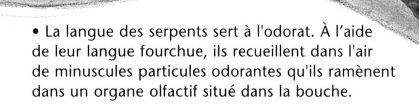

• La langue des serpents sert à l'odorat. À l'aide de leur langue fourchue, ils recueillent dans l'air de minuscules particules odorantes qu'ils ramènent dans un organe olfactif situé dans la bouche.

Les lumières de la nuit

Il est plus facile de voir dans l'obscurité si on a une lampe de poche. Certains animaux possèdent leur propre lampe de poche pour mieux voir la nuit, trouver leur nourriture, attirer un mâle ou une femelle et se protéger de leurs ennemis.

On appelle bioluminescentes les créatures qui luisent dans l'obscurité. La lumière est produite par une réaction chimique, habituellement à l'intérieur du corps de l'animal. Ces lumières vivantes sont parfois bleu-vert, jaunes ou rouges, et certaines espèces produisent plus d'une couleur.

La nuit, l'océan est éclairé par la lueur de plusieurs créatures, dont les méduses, les pieuvres, les praires, les vers, les crevettes, les escargots, les poissons, les bactéries et les algues. La baudroie possède une épine qui se termine par un leurre en forme de ver luisant. Le «leurre» luit dans l'obscurité et attire les proies vers sa bouche. Le Porte-lanterne de la mer Rouge et des océans

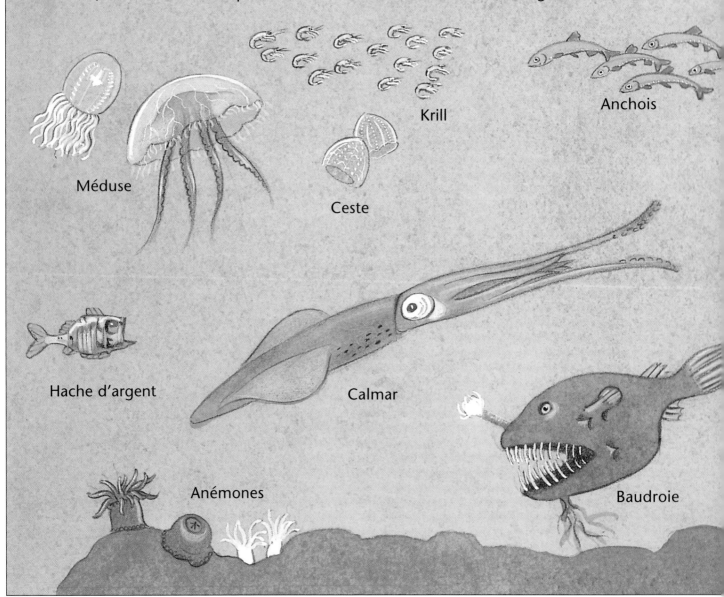

Krill

Anchois

Méduse

Ceste

Hache d'argent

Calmar

Anémones

Baudroie

Indien et Pacifique possède un sac de bactéries luisant sous chaque oeil. La lueur bleu-vert des bactéries éclaire les eaux sombres de l'océan et aide le poisson à trouver sa nourriture. Des plis de peau sous chaque oeil, comme des paupières, recouvrent la lumière quand le poisson veut se protéger contre ses ennemis.

Il existe aussi des créatures terrestres qui luisent la nuit. Des mille-pattes et des vers de terre produisent leur propre lumière, de même que des insectes, tels que les lucioles, les vers luisants, les scarabées, les moucherons et les collemboles. Certains champignons même sont phosphorescents, mais les scientifiques ignorent pourquoi.

Porte-lanterne

Les lucioles

Les animaux luisent principalement pour envoyer des messages à leurs semblables, surtout lorsqu'ils se cherchent un partenaire pour s'accoupler. Tu as peut-être déjà vu les lumières intermittentes des lucioles par une soirée chaude de la fin du printemps ou de l'été. Les lucioles mâles volent autour des femelles au repos et leur envoient des signaux. Chaque espèce de luciole a son code lumineux et la femelle répond aux signaux propres à son espèce. Quand une femelle répond, le mâle descend en piqué pour s'accoupler avec elle. Si tu vois des lucioles clignoter, observe attentivement leurs signaux lumineux. Peux-tu distinguer les signaux des différentes espèces? Recherche les signaux des mâles qui volent et ceux des femelles au repos.

Les oiseaux la nuit

La nuit, la plupart des oiseaux retournent se percher dans les arbres, sur des édifices ou d'autres hauteurs pour dormir. Il peut arriver qu'un perchoir de nuit devienne un endroit très achalandé. Par exemple, une cheminée peut être l'hôte de centaines de Martinets ramoneurs, chaque soir. Mais ce ne sont pas tous les oiseaux qui dorment la nuit.

Bécassine des marais

Kiwi

Les Engoulevents bois-pourri, les Engoulevents d'Amérique et d'autres membres de ce même groupe passent leurs nuits à attraper des insectes volants. Ces oiseaux ouvrent leur grande bouche et capturent les insectes en vol. Autour de la bouche, les plumes qui ressemblent à des moustaches les aident à coincer leurs proies. Plusieurs oiseaux nocturnes, tels que la Bécasse d'Amérique et la Bécassine des marais, se nourrissent de vers de terre et d'autres créatures vivant dans le sol. Le Kiwi de Nouvelle-Zélande se nourrit aussi de vers durant la nuit, mais ses petits yeux l'empêchent de bien voir. Pour trouver les vers, le Kiwi enfonce son bec dans le sol afin de les détecter et de les sentir. Les narines de la plupart des oiseaux sont près du visage, mais celles du Kiwi sont près du bout de son long bec. Il peut ainsi sentir l'odeur de la nourriture sous la terre.

Engoulevent bois-pourri

Guacharo des cavernes

Les Guacharos des cavernes, de Trinidad et d'Amérique du Sud, sont les seuls oiseaux nocturnes qui mangent des fruits. Leur odorat très développé les aide à trouver leur nourriture dans l'obscurité. Comme les chauves-souris, les Guacharos des cavernes se servent de l'écholocation pour entrer et sortir des cavernes sombres où ils perchent durant le jour.

Activité de nuit

Les Engoulevents d'Amérique

Demande à un adulte de t'accompagner pour observer les oiseaux la nuit. Prends des jumelles et va dans la cour ou dans un parc du voisinage. Il se peut que tu aperçoives l'Engoulevent d'Amérique volant haut dans les airs. Sois attentif à son *pînt* nasillard et à ses longues ailes pointues à bande blanche. L'Engoulevent d'Amérique est très doué pour attraper des insectes en vol. On a découvert un oiseau dont l'estomac contenait plus de 500 moustiques et un autre qui avait mangé 2175 fourmis volantes!

Le hibou

Voir un hibou est un événement rare et fascinant, car les hiboux sont actifs surtout la nuit. Il se peut que tu entendes son cri saisissant et aigu. Il veut ainsi communiquer avec ses semblables et revendiquer son territoire. Si tu apprends à imiter le cri du hibou, il se peut qu'un autre te réponde. Observe l'illustration pour découvrir comment le hibou est adapté pour la chasse nocturne.

De grandes oreilles sensibles lui permettant d'entendre ses proies sont cachées sous ses plumes, chaque côté du disque facial.

Ses grands yeux captent beaucoup de lumière et l'aident à voir dans l'obscurité. Ses yeux sont fixes, donc le hibou peut voir des détails au loin.

Les plumes des ailes du hibou sont duveteuses et l'air passe à travers. Il peut ainsi approcher sa proie sans bruit.

Le corps du hibou est léger par rapport à la taille de ses ailes. Il n'a donc pas besoin de battre des ailes autant que les autres oiseaux. Il fait aussi moins de bruit en chassant.

Que mangent les hiboux la nuit?

Le hibou avale ses proies toutes entières. Il ne peut pas digérer les os, la fourrure, les griffes, le bec et d'autres parties dures, c'est pourquoi il régurgite des boulettes séchées. Les scientifiques examinent les boulettes des hiboux pour déterminer leur nourriture selon l'habitat et le temps de l'année. Toi aussi tu peux te faire une idée de la nourriture du hibou en observant les boulettes qui s'accumulent sous son perchoir ou son nid. De nombreux hiboux se juchent durant le jour et nichent dans de grands arbres des régions boisées. Il leur arrive souvent de se percher dans un arbre ou sur un pieu de clôture, au bout d'un champ.

Il te faut :
• des boulettes de régurgitation
• un bol d'eau chaude
• du papier essuie-tout
• des pinces fines ou deux brochettes

1. Si c'est une petite boulette, découpe-la telle quelle. Si c'est une grosse boulette, trempe-la dans un bol d'eau chaude durant une heure environ.

2. Dépose la boulette sur du papier essuie-tout. En te servant des pinces ou des brochettes, sépare les os, la fourrure et les autres parties.

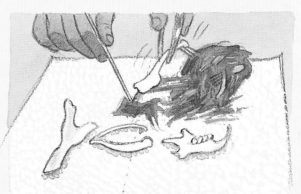

3. Si tu découvres des plumes, tu sauras que le hibou a mangé un oiseau. Des os minuscules et un peu de fourrure t'indiqueront qu'il s'agit sûrement d'une souris, d'une musaraigne ou d'un autre petit animal. Tu peux aussi trouver des parties d'insectes, telles que des ailes ou des pattes. Essaie de découvrir ce que le hibou a mangé.

Les insectes nocturnes

Tu as certainement remarqué les nuées d'insectes qui volent autour des réverbères, les soirs d'été. De nombreux insectes sortent la nuit pour éviter d'être mangés par les chasseurs de jour, tels que les oiseaux. T'es-tu déjà demandé pourquoi les insectes étaient attirés par la lumière? Les insectes volants nocturnes se guident sur la Lune pour voler la nuit. Parce que la Lune est très éloignée, les insectes peuvent voler en ligne droite en gardant constamment la Lune en angle avec leurs yeux. Quand les insectes voient la lumière vive d'un porche ou d'une chandelle, ils deviennent confus et se guident plutôt sur cette lumière plus rapprochée. Malheureusement, pour garder cette lumière en angle avec leurs yeux, les insectes finissent par décrire des cercles, de plus en plus rapprochés de la lumière.

Activité de nuit

Observe les insectes nocturnes

À l'aide d'une lampe de poche, observe certains insectes volants nocturnes.

Il te faut :
- une lumière extérieure ou une lampe de poche
- une loupe (facultatif)
- un guide d'identification des insectes (facultatif)

1. Par une soirée d'été, allume une lumière extérieure ou une lampe de poche. Observe les insectes attirés par la lumière.

2. Un guide des insectes te permettra d'identifier les papillons de nuit, les corydales, les tipules, les phryganes, les coccinelles, les maringouins et autres insectes volants nocturnes. Combien d'espèces différentes peux-tu compter?

3. Compare les tailles, les formes et les couleurs des insectes. À l'aide d'une loupe, observe de près les insectes qui se posent près de la lumière. Remarque les différentes sortes d'ailes, écailleuses, transparentes ou dures.

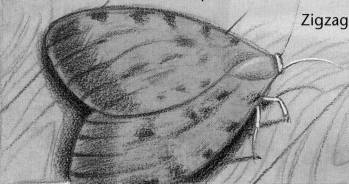

Zigzag

Corydale

Tipule

Les rampeurs nocturnes

Les limaces, les escargots, les vers de terre et d'autres mollusques se cachent le jour pour se protéger le corps contre la déshydratation. Les nuits d'été, ils sortent en rampant sur leur bave, à la recherche de nourriture. Observe de plus près certains rampeurs nocturnes.

Il te faut :
- une lampe de poche
- une feuille de papier de soie rouge
- une bande élastique

1. Recouvre la lumière d'une lampe de poche avec la feuille de papier de soie rouge et fixe-la avec une bande élastique. C'est comme si la lumière était rouge. Les rampeurs nocturnes ne peuvent pas voir la lumière rouge. Aussi, ils n'essaieront pas de l'éviter.
2. Un soir, sors dehors avec un adulte pour observer des rampeurs nocturnes. Cherche les vers de terre en dirigeant ta lampe de poche sur le sol humide d'un jardin.
3. Observe les plantes basses et les endroits humides pour découvrir des limaces et des escargots. Tu pourrais aussi voir des cloportes, des phasmes, des carabes, des araignées et des faucheux.

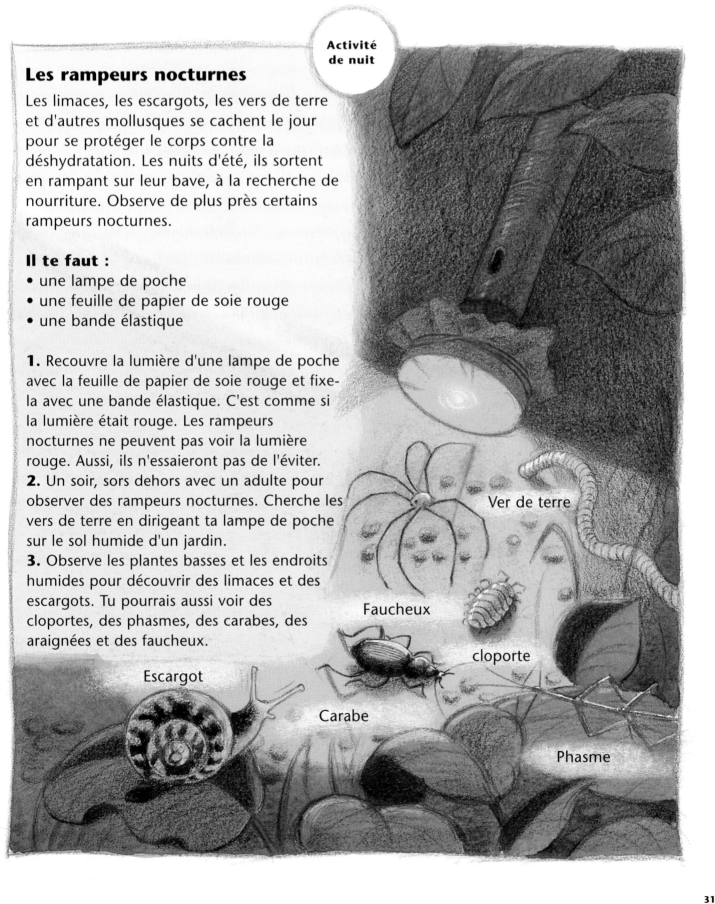

Ver de terre

Faucheux

cloporte

Escargot

Carabe

Phasme

Les rôdeurs nocturnes

As-tu déjà entendu le bruit d'une poubelle renversée par un raton laveur ou les hurlements de loups la nuit? Que tu vives à la ville ou à la campagne, tu peux entendre les sons émis par les animaux qui sortent la nuit.

Où vont les animaux nocturnes durant le jour? Plusieurs rôdeurs nocturnes de la ville passent leurs journées dans les cimetières, où il y a souvent beaucoup d'arbres et d'arbustes pour se mettre à l'abri. Il y a aussi très peu de monde pour les déranger!

Les ratons laveurs quittent leur antre dans des arbres creux ou dans un grenier pour fouiller les poubelles et les jardins à la recherche de nourriture. Les rats et les souris trottinent pour trouver des restes de nourriture, en essayant d'éviter les chats et les chiens qui, eux aussi, sont dehors la nuit. Les chauves-souris chassent les insectes en vol en émettant des cris très aigus, inaudibles pour les humains. Les mouffettes fouillent sous les roches ou sur les pelouses pour trouver des larves succulentes et d'autres insectes. Menacées, les mouffettes lancent un jet liquide nauséabond pour éloigner les prédateurs et les humains.

Si tu vis à la campagne ou si tu vas y camper, il se peut que tu entendes des loups ou des coyotes la nuit. Les coyotes, qui tolèrent mieux la présence des humains, visitent les fermes la nuit pour trouver de la nourriture. Les loups préfèrent se tenir loin des humains, et tu peux les entendre plus souvent dans le désert. Les loups hurlent pour rassembler la bande (groupe de loups) pour la chasse ou pour défendre leur territoire contre d'autres loups. Par une nuit de la fin de l'été, tu peux entendre les hurlements des loups qui enseignent aux louveteaux à chasser et à hurler.

Les blaireaux, les opossums et les visons se déplacent lentement la nuit, à la recherche de nourriture. Ces créatures vont vivement se trouver un abri si elles sont effrayées. Les écureuils volants planent dans l'air, comme un parachute, grâce à une membrane musculaire le long de leurs flancs. Si tu as une mangeoire d'oiseaux, tu verras peut-être un écureuil volant se nourrir de graines.

Dans certains zoos, tu peux voir des animaux nocturnes. On les garde dans un endroit spécial éclairé de lumières rouges. Puisque les animaux nocturnes ne peuvent pas voir la lumière rouge, ils croient qu'il fait noir et demeurent actifs. La nuit, des lumières plus vives sont utilisées pour que les animaux puissent dormir.

Blaireau

Une nuit à la plage

Activité de nuit

Tu es probablement allé à la plage durant le jour, mais y es-tu jamais allé la nuit? Au lieu des baigneurs et des ballons de plage, tu peux y voir des choses passionnantes. Il y a une grande activité la nuit. Voici un moyen facile de voir ce qui se passe sous l'eau durant la nuit.

Il te faut :
- une lampe de poche
- une grosse roche
- un pot en verre avec un couvercle hermétique, assez gros pour contenir la lampe de poche et la roche
- de la corde

1. Fais-toi accompagner d'un adulte pour aller jusqu'à un étang, un marécage ou à la plage la nuit.

2. Allume la lampe de poche et mets-la dans le pot avec la grosse roche.

3. Ferme hermétiquement le pot pour que l'eau n'entre pas.

4. Attache solidement la corde autour du col du pot et tiens l'autre extrémité de la corde. Debout sur la plage, ou agenouillé sur le quai ou sur le trottoir en bois, descends lentement le pot dans l'eau peu profonde. Que vois-tu?

Sois attentif aux :

• crabes, homards et crevettes qui se nourrissent et se déplacent sur le fond.

• minuscules animaux en suspension, appelés zooplancton, qui viennent se nourrir à la surface la nuit. Même si ces organismes sont trop petits pour que tu les vois, tu verras des poissons et d'autres créatures aquatiques les manger.

• Les insectes aquatiques, tels que les dytiques, les notonectes, les isopodes, les gyrins et autres, nagent en cercle dans les étangs et les marécages.

• Les écrevisses se déplacent dans le fond des étangs et des cours d'eau.

Sur la grève

Il y a aussi beaucoup d'activité sur la grève. Tu peux y voir un vison ou un castor à la recherche de nourriture, ou un cerf ou un orignal qui boit. Plusieurs oiseaux qui vivent près de l'eau sont actifs au crépuscule ou durant la nuit. Les Bihoreaux à couronne noire, les Butors d'Amérique et les Râles préfèrent se nourrir la nuit dans les marais et le long des grèves.

Les tortues

À certains moments de l'année, des milliers de tortues de mer tropicales gagnent leurs nids traditionnels sur la grève où elles creusent des trous dans le sable et pondent leurs oeufs dans l'obscurité. Huit semaines plus tard, l'éclosion se produit et les jeunes tortues gagnent la mer. Même si la noirceur aide les petites tortues à se dissimuler, plusieurs d'entre elles sont mangées par des chasseurs nocturnes, tels que les oiseaux et les crabes.

Une nuit dans le désert

Imagine que tu vis dans un endroit tellement chaud et sec durant le jour qu'il te faudrait te cacher du Soleil pour survivre. C'est le lot de plusieurs animaux du désert. Ces animaux dorment le jour et sont actifs la nuit. Sur cette page, tu découvriras comment les animaux du désert sont adaptés à la vie nocturne. Sur la page suivante, tu verras où ils se cachent durant le jour.

La Chouette des saguaros se désaltère et se nourrit en mangeant des insectes et des araignées. Le corps d'une araignée est composé de plus de 80 pour cent de liquide.

Le Crotale nocturne est une espèce de serpent à sonnette. Il chasse la nuit en se servant d'organes sensibles à la chaleur, pour trouver les souris et autres proies à sang chaud.

Le Rat kangourou d'Ord a l'ouïe très développée, ce qui lui permet de détecter les prédateurs nocturnes, tels que les Renards nains et les serpents. Grâce à ses longues pattes postérieures, il échappe au danger en faisant des bonds, comme un kangourou.

Le Gecko a de grosses paupières mobiles qui laissent entrer la lumière à profusion, l'aidant ainsi à trouver sa nourriture. Pour protéger ses yeux de la lumière du jour, les paupières du lézard se ferment jusqu'à devenir des trous minuscules.

Les grandes oreilles du Renard nain bougent sans cesse pour capter les trottinements des souris et autres rongeurs.

Les plantes désertiques la nuit

Plusieurs plantes désertiques fleurissent durant la nuit pour attirer les pollinisateurs nocturnes. Par exemple, le cierge géant ou saguaro est pollinisé par les Chauves-souris à long nez, et la fertilisation des yuccas s'effectue par les Pronubas du yucca.

Les chanteurs nocturnes

Durant le jour, tu as certainement entendu des tas d'oiseaux chanter, mais savais-tu qu'il y a des oiseaux qui chantent aussi la nuit? Les hiboux, les Engoulevents d'Amérique et les Engoulevents bois-pourri poussent parfois des cris. Les Parulines couronnées chantent dans les forêts, les Butors retentissent dans les marais, et les Merles et autres grives et oiseaux noirs chantent parfois la nuit s'ils sont dérangés. Les oiseaux ne sont pas les seuls animaux à remplir l'air nocturne de leurs chants.

Au printemps, près des marécages, as-tu déjà entendu un chant qui ressemble à des grelots? Il s'agit d'un concert de petites grenouilles, appelées Rainettes crucifères, qui tentent d'attirer une femelle. D'autres grenouilles et crapauds joignent parfois leurs chants distinctifs à celui des Rainettes.

Écoute le nasillement de banjo de la Grenouille verte et le rugissement du Ouaouaron. Ces créatures émettent leurs chants en forçant l'air des poumons jusque dans le sac vocal. Quand l'air traverse la gorge, il fait vibrer les cordes vocales de l'animal et produit le son que tu entends.

Ouaouaron

Rainette crucifère

Un thermomètre vivant

L'été, il peut t'arriver de t'endormir au son du chant des grillons. Le Grillon des champs chante aussi le jour, mais sa voix est souvent étouffée par d'autres bruits.

Les mâles chantent pour attirer les femelles, en se frottant les cuisses contre leurs élytres (ailes). Les scientifiques ont découvert que la stridulation ou chant du Grillon de Fulton peut aider à prédire la température. C'est plus efficace lors d'une soirée chaude d'été. Tu n'as besoin que d'une montre ou d'une horloge avec une aiguille pour les secondes, d'un papier et d'un crayon.

1. Compte le nombre de stridulations entendues en 8 secondes et additionne 4. La réponse te donne la température approximative en Celsius.
2. Pour convertir en Fahrenheit, compte le nombre de stridulations en 15 secondes et additionne 37.

Grenouille verte

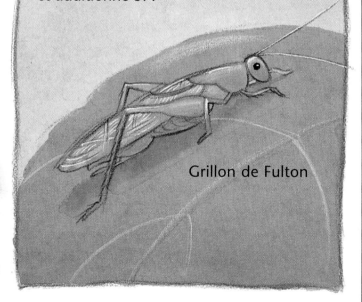

Grillon de Fulton

Les plantes la nuit

Si tu te promènes dans un jardin par une journée ensoleillée, il se peut que tu vois des coccinelles, des abeilles et d'autres insectes qui se nourrissent dans les fleurs. En même temps, ils transportent du pollen d'une fleur à l'autre, ce qu'on appelle la pollinisation. Les fleurs doivent être pollinisées avant de pouvoir faire des graines. Si tu retournes au jardin au coucher du Soleil, tu verras que de nombreuses fleurs aux couleurs vives ferment leurs pétales afin de protéger le pollen de l'humidité. Il arrive que les insectes pollinisateurs restent coincés à l'intérieur des fleurs tout la nuit.

D'autres plantes restent ouvertes jour et nuit ou sont fermées le jour et ouvertes la nuit pour attirer les pollinisateurs nocturnes, tels que les papillons de nuit, les lucioles et les collembolles. Observe les plantes illustrées qui sont pollinisées la nuit.

• Elles sont blanches ou de couleur pâle afin d'être plus visibles la nuit.

• Leurs pétales sont souvent longs et étroits et crantés ou divisés de manière à bien ressortir dans l'obscurité.

• Les fleurs pollinisées par les papillons de nuit ont souvent une forme tubulaire, si bien que seules les langues longues des papillons de nuit peuvent atteindre leur doux nectar.

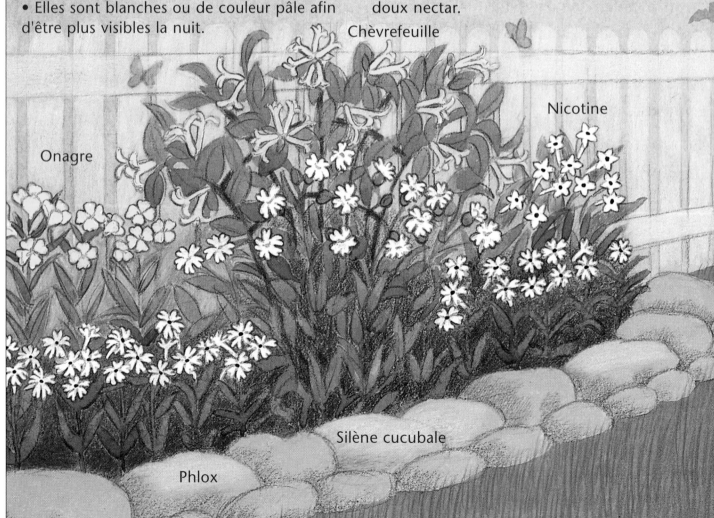

Chèvrefeuille

Nicotine

Onagre

Silène cucubale

Phlox

Les champignons poussent mieux dans l'humidité et la noirceur nocturne. Un Satyre puant peut atteindre 20 cm en une nuit!

Les parfums forts attirent aussi les pollinisateurs. Ainsi, plusieurs fleurs exhalent leur parfum la nuit. Toutes les fleurs nocturnes ne sentent pas bon. Dans les tropiques, les chauves-souris qui se nourrissent de nectar sont attirées par la puanteur de la Banane sauvage.

Fleurs endormies

Essaie de trouver quelques-unes des fleurs suivantes dans les jardins ou les champs avoisinants et compare leur aspect durant le jour à leur apparence après le coucher du Soleil.

Épervière

Pissenlit

Belle-de-jour

Lis d'un jour

Mirabilis

Tulipes

Crocus

La croissance durant la nuit

/Si tu fais pousser des plantes intérieures, tu pourras comparer leur croissance durant le jour et durant la nuit.

Il te faut :
- graines de maïs ou de haricot
- deux pots de fleurs
- de la terre à empoter
- de l'eau
- une tasse à mesurer
- une règle divisée en millimètres
- du papier et un crayon

1. Remplis chaque pot avec de la terre à empoter. Fais un trou d'un centimètre environ dans la terre et plante une graine dans chaque pot. Recouvre la graine de terre. Numérote les pots et garde la terre humide. Tu observeras la croissance des deux plants, au cas où tu en perdrais un.

2. Quand les plants, appelés semis, sortent de terre, place les pots devant la même fenêtre. Arrose chaque plant de 50 ml d'eau à tous les trois ou quatre jours.

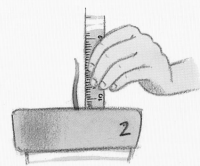

3. Mesure les plants à toutes les 12 heures. Chaque matin, à la même heure, mesure la hauteur de chaque plant avec la règle. Place la règle sur la terre et mesure jusqu'au bout de la tige. Mesure à nouveau les plants 12 heures plus tard, avant de te coucher.

	Pot 1	Pot 2
Lundi matin après-midi		
Mardi matin après-midi.		
Mercredi matin après-midi.		

4. Chaque jour, inscris les mesures de chaque plant sur une fiche semblable à celle qui précède.

5. À la fin de la semaine, fais les calculs suivants pour connaître la croissance de chaque plant, chaque jour et chaque nuit.

hauteur du plant le soir
— hauteur du plant le matin
_____

= croissance pendant le jour

hauteur du plant le matin
— hauteur du plant le soir précédent
_____

= croissance pendant la nuit

Que se passe-t-il?

La croissance des plants se fait surtout au milieu de la nuit, quand tu dors. C'est parce que la substance qui régit la croissance, appelée auxine, est plus efficace à la noirceur.

Plantes intérieures

As-tu remarqué que les plantes intérieures poussent toujours en direction de la fenêtre? Le jour, les plantes poussent en se courbant vers la lumière. C'est parce qu'il y a plus d'auxine du côté ombragé de la plante. Le côté ombragé d'une plante pousse plus vite et la fait s'orienter vers la lumière. Pour la même raison, il y a des plantes qui s'orientent vers la Lune la nuit.

Nuit et jour

Même si les plantes poursuivent leur croissance la nuit, elles ont besoin de la lumière du jour pour rester en santé. L'expérience qui suit te permettra de découvrir ce qui arrive à une plante qu'on garde à la noirceur.

Il te faut :

- deux petites plantes en pot de la même sorte, des géraniums par exemple
- une boîte de carton sans trous
- de l'eau

1. Mets une plante devant une fenêtre et mets l'autre dans une pièce sombre en la recouvrant de la boîte de carton. Arrose chaque plante également.

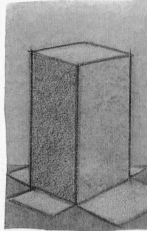

2. Au bout d'une semaine, compare l'aspect des deux plantes. Compare-les de nouveau au bout de deux semaines. Ramène ta plante à la clarté et soigne-la pour qu'elle recouvre la santé.

Que se passe-t-il?

Au bout d'une semaine environ, la plante privée de clarté commence à dépérir. Les feuilles jaunissent et tombent. Si la plante est laissée à la noirceur trop longtemps, elle meurt. Les plantes ont besoin d'eau, d'air et de lumière pour se développer. Quand il fait soleil, les plantes vertes absorbent du gaz carbonique dans l'air et de l'eau dans la terre pour fabriquer des sucres qui servent de nourriture à la plante.

Cela s'appelle la photosynthèse. La nuit, en l'absence du Soleil, la photosynthèse arrête.

Les plantes respirent jour et nuit, cependant. La respiration est l'opposé de la photosynthèse. La plante absorbe l'oxygène de l'air et le combine aux sucres emmagasinés dans la plante pour produire l'énergie nécessaire à sa croissance. En même temps, le gaz carbonique est libéré dans l'air par les feuilles.

La photosynthèse se produit le jour

  lumière
+ eau dans la terre
+ gaz carbonique dans l'air

= sucres emmagasinés dans la plante
+ oxygène et eau libérés dans l'air par les feuilles

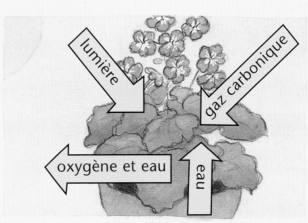

La respiration se produit jour et nuit

  oxygène dans l'air
+ sucres emmagasinés dans la plante

= énergie pour la croissance de la plante
+ gaz carbonique libéré dans l'air par les feuilles

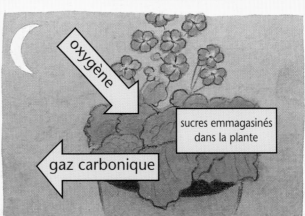

La migration nocturne

À l'automne, quand les jours raccourcissent et qu'il fait plus froid, des milliers d'oiseaux se dirigent vers le sud pour trouver de la nourriture. Il peut t'arriver de voir de grandes volées d'oies, de buses ou d'oiseaux noirs qui migrent durant le jour, mais il y en a beaucoup qui migrent durant la nuit.

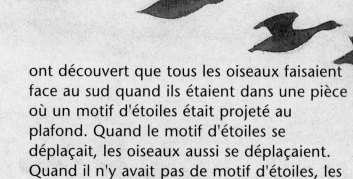

La migration nocturne aide les petits oiseaux à se cacher de leurs prédateurs. Elle permet aussi aux oiseaux insectivores, tels que les Gobe-mouches et les Parulines, de se trouver de la nourriture le jour, quand ils voient mieux. La nourriture leur donne l'énergie nécessaire pour leurs longs vols nocturnes. La nuit, la température plus froide et l'humidité plus importante rendent la traversée des déserts plus facile pour les oiseaux.

Tu sais combien il est difficile de trouver son chemin la nuit. Alors, comment crois-tu que les oiseaux s'y prennent? Plusieurs se servent des étoiles pour s'orienter vers le sud. Les oiseaux migrateurs ont l'habitude de voler plus haut la nuit que le jour, afin d'être au-dessus des nuages orageux pour ne pas perdre de vue les étoiles. Lors d'expériences menées avec des oiseaux en cage dans un planétarium, les chercheurs ont découvert que tous les oiseaux faisaient face au sud quand ils étaient dans une pièce où un motif d'étoiles était projeté au plafond. Quand le motif d'étoiles se déplaçait, les oiseaux aussi se déplaçaient. Quand il n'y avait pas de motif d'étoiles, les oiseaux faisaient face dans différentes directions.

Puisque de nombreux oiseaux migrent la nuit, il est difficile de les voir. Pour ne pas les perdre de vue, les scientifiques se servent de plusieurs techniques, dont le radar, la téléobservation et le baguage des oiseaux. Les observateurs d'oiseaux se servent de jumelles ou de télescopes pour apercevoir les oiseaux migrateurs qui passent devant la Lune, durant les soirées dégagées du printemps ou de l'automne.

Les crapauds

Les crapauds migrent aussi la nuit. Il peut t'arriver de voir une grande procession de crapauds qui traversent une route par une soirée printanière. Les crapauds se dirigent vers leur étang de reproduction.

Index